꿈꾸는 나선의 예술가
행복한 훈데르트바서

바바라 슈티프 지음 | 김경연 옮김

현암
주니어

차례

5 훈데르트바서는 누구?
    6 다른 모든 것의 시작처럼……
        13 자기만의 머리
        18 유일무이
    23 나선
        28 그림은 꿈의 결실이다
        42 세 개의 피부
    49 다르게 살기

61 자연+아름다움=행복
        64 오, 성스러운 똥!
        67 정원 난쟁이

70 기나긴 날
  74 세계 일주
    86 작별

      89 훈데르트바서의 생각과 작품에서 자극을 받아 발상을 바꾸는 행동 직접 해 보기

훈데르트바서는 누구?

훈데르트바서는 한마디로 예술가였다. 누구보다도 상상력이 풍부했고, 생각이 기발하여 그것을 그림과 건축물, 디자인, 글과 말로 펼쳐 보였다.
그렇다면 대체 어떤 그림을 그렸고, 어떤 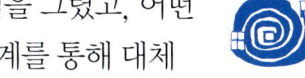 건축물을 설계했을까?
 이런 예술 세계를 통해 대체 어떤 물음을 던지고 어떤 생각을 전하려고 했을까?
그것은 여러분과 어떤 관계가 있을까?
이 책은 이런 물음들을 다루고자 한다.

"한 예술가의 그림이라든가 건축물, 생각과 물음을 다루는 것은 알겠는데, 그것들이 어떻게 나와 관계 맺어질까?
훈데르트바서는 나를 알지 못하고 나도 훈데르트바서를 전혀 모르는데 어떻게 나와 관계를 맺을 수 있나?"
여러분은 그렇게 생각할지도 모르겠다. 맞는 말이다.
하지만 한번 상상해 보자.

 여러분이 왕자나 공주가  되어 파티를 열고 빙글빙글 춤을 추며 삶의 기쁨을 누린다면 어떤 기분일까?
저기 상자로 쌓아 놓은 듯한 집에서 누가 사는지 알고 싶다면?
혹시 거기에 보물 궤짝이 묻혀 있다면?
머나먼 곳을 향한 동경을 안고 바다를 항해하는 누군가에게서 우편엽서를 받는다면?

이런 상상의 비밀을 쫓아가 보고 싶다면 이 책을 읽어 보라.
책을 펼치면 언제라도 그 비밀의 세계로 들어올 수 있다.
책을 다시 덮는 것도 자기 마음이다.
이 책이 얼마나 길지는 오로지 여러분에게 달려 있다.

다른 모든 것의 시작처럼……

프리츠 슈토바서와 어머니

훈데르트바서에게도 다른 사람들처럼 어린 시절이 있었다. 오스트리아의 수도 빈에서 세상에 태어나던 날, 날씨가 맑았는지 비가 왔는지는 알 수 없다. 그렇지만 1928년 12월 15일 태어난 것은 확실하다. 당시 오스트리아는 사정이 매우 나빠서 많은 사람이 무척 가난하게 살았다.

보트에서

훈데르트바서의 가족도 형편이 넉넉하지 않았다. 아버지가 일찍 돌아가셔서 어머니와 이모들이랑 작은 집에서 살았다.

정원에서

훈데르트바서가 열두 살 때 유럽에 전쟁이 터졌다. 제2차 세계대전이었다. 끔찍한 시절이었다. 먹을 것도 거의 없었고, 곳곳에서 전투와 총격이 벌어지고, 폭탄이 도시에 떨어졌다. 도시 전체가 파괴되고 모든 사람이 불안해했다.

전쟁이 끝난 뒤 빈 시내의 건물들은 반쯤 부서지거나 전체가 폭격으로 파괴되었다. 골목들은 부수어져 안이 들여다보이고 도처에 분화구가 생겨 빗물이 고여 있었다. 그런데 이 웅덩이에 새로운 생명이 꿈틀거리고 있었다. 자세히 들여다보면 곤충의 애벌레와 올챙이가 있었다. 이내 아스팔트가 갈라진 틈바귀에서 풀이 자라났고, 건물이 무너진 돌무더기 사이에 식물이 싹을 틔웠다. 떨기나무와 키 큰 나무의 부드러운 싹이었다.

여섯 살 무렵의
프리덴스라이히 훈데르트바서

이 광경은 어린 훈데르트바서에게 강한 인상을 심었다. 다른 사람들처럼 훈데르트바서도 평화가 그리웠다. 이 작은 동물과 어린 식물은, 전쟁은 끝났고 이제 더 이상 파괴는 없고 건설이 있으리라는 신호였다.

그 무렵에는 프리덴스라이히 훈데르트바서라고 불리지 않았다. 이 이름은 훨씬 뒤에 스스로 지었다. 본명은 프리드리히 슈토바서였고, 가족들은 프리츠라고 불렀다.

자연에 대한 사랑은
평생 훈데르트바서를 떠나지 않았다. 훈데르트바서는 자연을 보호하고 존중하려 애썼고, 저절로 생겼다가 사라진다는 것이 무엇인지 이해하고자 했다. 그것을 그림으로 그렸고, 강연의 주제로 다루었으며, 저절로 자연과 조화를 이루며 살아가고, 그런 건물을 지으려 했다.

훈데르트바서가 자연과 삶의 아름다움을 발견하고 지키려는 소망은 이미 어렸을 때부터 매우 강했다. 훈데르트바서는 비너발트(빈의 숲)를 거닐며 꽃을 따서 두꺼운 책갈피에 끼워 놓았다. 그렇지만 그렇게 눌러서 말린 꽃들은 찬란한 빛을 잃고 말았다. 훈데르트바서는 그것을 보고 생각했다.

"꽃을 눌러 놓는 대신 그림으로 그린다면 빛깔이 유지될 거야."

㉝ 봄꽃으로 만든 작은 꽃다발, 1944

아직 전쟁 중이던 때 어린 훈데르트바서는 빈의 도나우카날을 이렇게 목가적으로 그려 냈다. 이 그림은 전쟁으로 파괴된 빈이 아니라 어느 여름날의 아름다운 풍경을 보여 준다.

⑪ 프리덴스브뤼케('평화의 다리'라는 뜻-옮긴이) 근처의 나룻배가 있는 도나우카날, 1945

그림을 그리게 된 또 다른 동기는 우표 수집이었다. 우표의 작은 그림은 훈데르트바서에게 매우 큰 보물이었다. 우표는 먼 나라에서 왔고 너무도 근사하게 보였다. 훈데르트바서는 이 그림을 보고 또 보았다. 그래서 이 우표 그림과 똑같이 아름답게 그리는 법을 배우려고 했다.

여러분도 보물을 갖고 있나요? 여러분을 남몰래 행복하게 하는 것, 여러분이 잘 간직하고 숨겨 두고 싶은 것이?

직접 해 보기
89쪽

화가라는 직업

스무 살 때의 훈데르트바서

훈데르트바서는 그림 그리기를 무척 좋아했다. 좋아한 나머지 직업으로 삼기로 했다. 처음에 어머니는 아들의 생각을 그다지 탐탁지 않게 여겼다. 부모들이 종종 그렇듯이 아들이 다른 공부를 해서 '제대로 된' 직업을 갖기를 바랐다.

하지만 훈데르트바서는 주관이 뚜렷했고 그것을 관철했다. 훈데르트바서는 스무 살이 되었을 때 조형 예술 아카데미(일종의 대학이다.)의 입학시험을 보기로 결심했다. 시험에 합격했고 그림 공부를 시작했다.

㉘ 자화상, 1948

그것은 인생에서 새로운 단락이었다. 훈데르트바서는 이제 화가가 되었으니 새로운 이름, 즉 예술가에게 어울리는 이름을 갖고 싶었다. 전쟁이 끝나고 평화가 찾아오고 많은 웅덩이에서 새 생명이 움트던 때를 생각했다.

게다가 '슈토바서'의 슈토는 슬라브어로 훈데르트, 즉 100이라는 뜻이었다.

그래서 자신을 훈데르트바서라고 부르기로 했다.

만약 여러분이 새 이름을 고를 수 있다면 어떤 이름으로 불리고 싶은가? 훈데르트바서처럼 예술가 이름? 아니면 인디언 같은 이름? 어쩌면 그냥 별명이 될 수도 있겠다.

자기가 좋아하는 것을 이름으로 삼으면 어떨까? 예를 들어 '피자사랑'이라면 피자를 좋아하는지 알겠고, '냥이천사'라면 고양이를 좋아하는지 알겠고, '친절미소'라면 친절하고 웃음 띤 얼굴을 떠올릴 테니까. 냄새를 잘 맡는다면 '킁킁개코', 자유롭게 살고 싶다면 '구름아이'라고 불러도 좋겠다. 어때? 여러분은 어떤 이름을 갖고 싶은가?

갖고 싶은 이름을 적어 보라.

_____

_____

_____

_____

훈데르트바서는 아카데미에 오래 머물지 않았다. 스스로 생각하는 자기만의 머리를 지닌, 주관이 있는 사람이었기 때문이다. 몇 달 뒤 훈데르트바서는 여행을 떠났다. 넓은 세상을 보며 삶을 이해하고, 자신이 그릴 필요가 있는 것을 그리면서 배우고 싶었다. 훈데르트바서가 평생 그림을 그린 것을 보면, 평생 공부를 했다고 보아도 좋을 거다.

자기만의 머리

자기만의 머리라니 무슨 뜻일까?
대체 자기 머리 말고 다른 사람의 머리를 가질 수 있기라도 하다는 말일까?
하지만 만약 내 머리 대신 다른 사람 머리가 달려 있다면?

사진이 있으면 당장 시험해 볼 수 있다. 신문이나 잡지에서 사진들을 찾아 얼굴 부분을 오려 낸 다음 당신의 사진을 머리 부분에 올려놓아 보라.

당신 몸 위에 다른 머리가 얹혀 있다면 어떤 느낌일까? 심지어 여러 개의 낯선 머리가 달려 있다면? 분명 우스꽝스러울 거다. 하지만 물어보자. 다른 머리가 달린 그것은 여전히 당신일까? 그것을 친구에게 보여 주면 그것이 당신이라는 것을 당장 알아차릴까? 원래 머리보다 더 당신에게 잘 어울리는 머리가 있을까?

훈데르트바서에게는 자기만의 머리가 있었다. 훈데르트바서는 화가가 되려고 했고, 어머니는 그것이 제대로 된 직업이 아니라고 생각했다. 하지만 훈데르트바서는 화가가 되었다. 스스로 생각하는 자기만의 독자적인 머리, 즉 주관이 있었고, 끝까지 자신의 꿈을 지켰다. 훈데르트바서에게는 **자신을 믿고 자신의 생각을 실현하는 것**이 매우 중요했다.

훈데르트바서는 그런 생각을 사람들에게 전달하고 싶었고, 그렇게 해 보도록 권하고 싶었다. 하지만 대개는 전혀 귀를 기울이지 않았다. 누군가 뭔가 새롭거나 익숙하지 않은 이야기를 하면 비록 그것이 근사하고

91 바둑판 자화상, 1950

멋진 생각이라도 귀를 기울이지 않는 사람이 많은 법이다.
훈데르트바서는 정신이 자유로웠고, 거꾸로 생각해 보고 도전하는 사람이었다. 사람들에게 스스로 느끼라고, 자기 자신을 발견하라고, 자신이 무엇을 원하는지를 발견하고 그것을 표현하라고 촉구했다. 어쩌면 여러분은 "그게 뭐가 나쁘다고?" 할지도 모르겠다. 여러분 생각이 맞다. 대체 그게 뭐가 나쁠까?

◀ 빈의 슈피겔가세에 있는
훈데르트바서의 아틀리에, 1973년 8월

예를 들어 보자.
피자를 먹으러 가서 보니
차림표에 여러 종류의 피자가 있다.

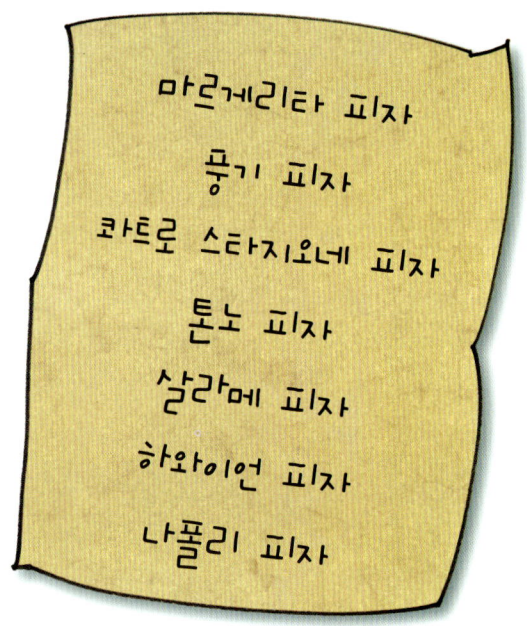

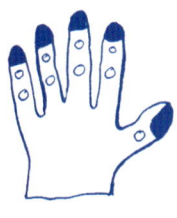

여러분은 이 가운데
하나를 고를 수 있다.

많은 생각을 해야 할까?
그럴 필요는 없다.

그런데 만약 좋아하는 것이 차림표에 없다면?

"딸기 크림과 새콤한 드롭스를 넣은 과자 반죽으로 만든 네모난 피자를 먹고 싶은데요."

여러분의 주문을 들은 종업원은 농담인 줄 알고 그런 것은 없다고 할 거다. 하지만 여러분이 부엌에 들어가 그런 피자를 구우면 그런 피자가 있게 된다.
(어쩌면 여러분 혼자 먹어야 할지도 모르겠다. 다른 사람은 누구도 맛보고 싶어하지 않을 테니까. 그래도 상관없을 거다. 여러분이 먹을 수 있는 몫이 더 많아지니까!)
많은 사람들이 독자적인 생각을 가진 사람을 힘들어한다. 일이 그렇게 간단하지 않으니까 말이다. **그것에 대해 골똘히 생각해 봐야 하고 어쩌면 뭔가를 바꾸어야 한다.** 많은 사람들이 그런 것을 좋아하지 않는다. 만약 차림표에 없는 것이 먹고 싶으면 직접 만들어야 한다. 너무 게으르거나 무엇을 먹든 그다지 중요하지 않다면 그냥 마르게리타 피자나 나폴리 피자나 하와이언 피자로 만족해야 한다.
만약 모든 사람이 그렇게 행동한다면 절대로 새로운 것은 발명되지 않는다. 그렇게 된다면 매우 안타까운 일이다! 그랬다면 자전거도, 롤러블레이드도, 에어 매트리스도, 컴퓨터 게임도, 하와이언 피자조차도 없었을 테니까.

아틀리에에 있는 훈데르트바서, 1973

여러분은 훈데르트바서가
피자 굽는 사람이 아니라 예술가라는 것을 안다.
훈데르트바서는 아주 여러 가지에 대해 생각했다.

그림을 그린다는 것에 대해……

어떻게 살 수 있을까에 대해

직접 만든 신발을 신은 훈데르트바서, 1952

무엇을 입을 수 있을까에 대해

직접 디자인한 옷을 보는 훈데르트바서, 1960

훈데르트바서 탑, 건축 모델, 2000

훈데르트바서는 늘 차림표에 없는 것, 아직 발명되지 않은 것을 원했다. 그런 그를 사람들은 종종 미쳤다고 생각하거나 까다롭다고 여겼다. 그러나 훈데르트바서는 모든 사람이 자신의 생각을 환영해야 한다고는 전혀 생각하지 않았다. 자신은 물론 그 생각이 마음에 들었지만.

뉴질랜드 원시림에서 목욕을 하는 훈데르트바서

●●● 어떻게 자연과 더불어 살 수 있는가 등등.

훈데르트바서가 직접 만든
여름 신발(왼쪽), 겨울 신발(오른쪽)

중요한 사실은 사람에게는 누구나 그런 머리가 하나씩 있다는 것이다. 다만 그것을 깨닫지 못할 뿐이다.

이상하고 어쩌면 터무니없어 보이기까지 하는 생각을 눈에 보이게 만들려면 그것을 말로 하거나 행동으로 옮길 수 있어야 한다.

그렇게 함으로써 세상은 더 풍요로워지고 더 재미있고 아름답게 된다.

유일무이

주위를 돌아보면 곳곳에 사람이 만든 것들이 있다. 물론 자연에서 온 것들도 있다. 이제 완전한 직선————, 자로 그은 듯한 직선———— 을 어디에서 볼 수 있는지 찾아보자. 사람이 만든 물건에서 그런 직선————을 볼 수 있는지, 아니면 자연에서 볼 수 있는지?

자연이란 무엇일까? 자연이란 누군가의 도움 없이도 생기고 존재하는 모든 것이다. 산, 골짜기, 강, 바다, 태양, 달, 식물, 동물. 이 모든 것은 우리 인간이 뭔가를 하지 않아도 그냥 존재한다.

사람이 만들고 생각해 낸 것들도 존재한다.
자동차, 도로, 건물, 옷, 세탁기, 책가방, 스테레오 음향 기기, 침대, 색연필, 빗, 국자, 컴퓨터…….

콘크리트 건물 앞에 선 훈데르트바서, 오직 직선으로만 된 괴물 구조물이다.

그렇다면 사람 자신은 어떨까?

우리는 만들어졌을까, 아니면 자연의 일부일까? 우리는 태어나서 자라고 점점 늙어 간다. 자연의 일부지만, 대부분의 시간을 자연에서 보내는 것이 아니라 사람이 만든 것과 더불어, 또는 그 안에서 보낸다.

훈데르트바서에게 많은 생각 거리를 준 것은 그런 것이었다. 훈데르트바서는 우리가 마치 자연의 일부가 아닌 것처럼 점점 더 자연에서 분리되고 있다고 느꼈다. 인간이 자연과의 연관성을 잃어버리면 행복하지 않다는 것을 알아차렸다. 그 자신도 그랬다. 대체 훈데르트바서에게 어떤 일이 일어났을까?

왜 사람은 불행해지고
병들게 되었을까?
어떻게 그럴 수가?

구부러진 자를 든 훈데르트바서, 1985
(집에 불이 났을 때 자 모양이 이렇게 바뀌었다.)

훈데르트바서는 자연과 사람이 만든 것의 차이를 이렇게 집어냈다.

"자연에는 자로 그은 듯한 직선은 존재하지 않는다."

훈데르트바서는 직선을 좋아하지 않았다. 우리가 직선 ──── 을 볼 때 불편한 느낌을 갖는다고 주장했다. 직선은 자연스럽지 않기 때문이라는 거다. 직선은 우리를 불행하게 하고, 우리가 인공으로 만들어진 세계의 일부라고 믿게 하며, 우리가 자연의 일부라는 사실을 잊게 한다. 자연에는 모든 것이 유일무이하다. 꽃, 눈송이, 풀잎, 어느 것 하나 절대로 그것과 똑같은 또 하나가 없다. 모든 것이 특별하다. 인간도 마찬가지다. 모든 인간은 유일무이하고, 절대로 똑같은 나른 것이 없다. 쌍둥이조차도 정말 똑같지는 않다. 단지, 서로 아주 비슷할 뿐이다.

어느 날 훈데르트바서는 자전거를 타고 나갔다. 그때 비록 도로는 직선으로 나 있을지라도 직선으로 달리지 말아 보자는 생각이 떠올랐다. 그래서 비틀비틀 달려 보고, 오른쪽 왼쪽 커브를 넣어 달려 보았으며, 더 빠르게 달리기도, 더 느리게 달리기도 했다. 자신이 달렸던 자취가 바로 유일무이하다고 생각했다. 뛰어나게 멋지다는 의미에서 유일무이한 것이 아니라, 그냥 다른 어떤 것과도 다르다는 의미에서 유일무이한 것. 인간은 누구나 자신의 궤적을 그리며 살아가지만, 그 누구도 다른 사람과 똑같은 궤적을 그리지는 않는다.

132/IX 빗속의 자전거 타기, 1951

우리는 직접 그린 선조차도 정확히 그대로 베낄 수 없다.

정말 그런지 알고 싶을 거다. 자기 **이름을** 종이에 쓴 다음 다른 종이에 **다시 한 번 가능한 한 똑같이 써 보라.** 정말 정확히 베꼈을까? 종이를 겹쳐서 빛에 대고 보면 놀랍게도 그렇지 않다는 것을 발견할 거다. 글씨를 쓸 때마다 그 글자는 새롭고 유일무이하다.

그림을 그리는 훈데르트바서

21

433 난 아직 몰라, 1960

나선

훈데르트바서는 직선을 좋아하지 않은 것만큼 **나선**에 매료되었다. 훈데르트바서의 그림에는 언제나 나선이 나타난다. 훈데르트바서는 평생 나선을 그렸다. 나선은 훈데르트바서에게 삶과 **자연의 상징**이었다.

315 오스트리아 풍경의 달팽이 모양 평화, 1957

상징은 우리 세계에 늘 존재한다. 뭔가 다른 것을 나타내는 **기호**다.

예를 들어, ♡를 보면 여러분은 사랑을 생각할 거다. **해골**을 보면 **생명이 위험하니 조심하라**는 뜻임을 알 거다.

만약 세상을 주의 깊게 살펴보면 여러 상징, 즉 우리에게 뭔가를 알려 주려고 하는 형상들을 알아볼 수 있을 것이다.

여러분 자신을 상징하는 기호를 만든다면 어떤 것이 될까? 여러분에게는 어떤 색과 모양이 가장 잘 어울릴까? 파랗고 둥근 모양일까, 아니면 술이 달린 초록색과 노란색 줄무늬? 자신의 상징을 한번 그려 보길!

왜 나선은 생명의 상징일까?

한눈에 찾아내기는 쉽지 않지만, 나선은 언제나 우리 주위에 있다.

한번 나선을 찾아보자! 나선을 찾으러 주위를 둘러볼 때 생명이란 **자연** 속에 있다는 것을 잊지 말자. 사람이 만든 것에서는 나선이 훨씬 드무니까······.
여러분 자신에게서도 나선을 발견할 수 있다. 힌트가 필요하다고? 너무나 작아서 쉽게 발견되지는 않아.

어때, 찾았는지? 맞다. 우리 손가락 끝에 있다!
우리 귀도 자세히 보면 나선형이다. 지문끼리 비교해 보면 퍽 흥미로울 거다. 세상 모든 사람에게는 유일무이한 지문이 있다. 누구도 다른 사람과 지문이 똑같지 않다. 우리 지구에는 66억 7천 명(2007년)이나 되는 인구가 살아가는데 말이다! 그래서 엄지손가락 지문은 수천 년 전부터 서명 대신 쓰였다.

할머니 67세

아빠 46세

가브리엘 16세

엄마 44세

알리시아 9세

손가락의 나선형을 더 잘 볼 수 있도록 물감이나 인주를 조금 묻혀서 종이 위에 찍어 보자.

엄마 뱃속의 아기는 양막 속에서 작은 나선 모양으로 누워 있다. 태어나 자라면서 꽃처럼 접혔던 것이 펴진다. 갓난아기는 엄마 뱃속에서처럼 종종 웅크리고 누워 있다.

우리는 똑바로 앉고 또 걸어가는 법을 배웠지만, 잘 때면 곧잘 웅크리고 잔다. 그렇게 자면 왠지 편안하다.

170 행복한 죽은 자들의 정원, 1953

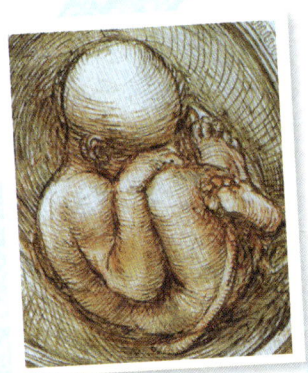

자궁 속의 아기

돌돌 말린 고사리 잎

자연에서 나선형의 예를 많이 발견할 수 있다. 식물, 동물, 물, 바람……

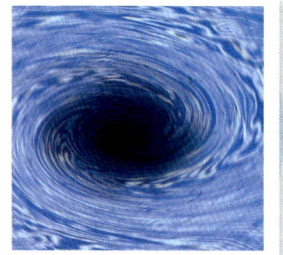

포도원 달팽이

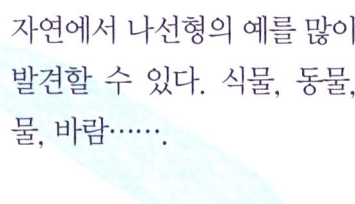

물의 소용돌이

우주의 나선형

우주에서 찍은 소용돌이 폭풍

나선은 도처에 존재한다. **아주 큰 나선**도 있고 **아주 작은 나선**도 있다.

나선은 한가운데 점, 즉 근원에서 시작해서 뱅글뱅글 점점 더 바깥으로 퍼져 나간다. 얼마든지 계속 그려 나갈 수 있지만 종이가 끝나면 어쩔 수 없이 그만두어야 한다. 그렇게 그만두더라도 우리는 그 선이 그렇게 뱅글뱅글 바깥으로 계속 퍼져 나간다는 것을 안다. 삶도 그것과 꼭 같다.

우리는 엄마 뱃속에서 수정란이라는 작은 점에서 시작한다.

알이 자라고 자라서 우리가 태어나고, 점점 더 자라 어린이가 되고, 10대가 되고, 어른이 되고,

어쩌면 아기를 갖게 된다.

그러다가 점점 늙어 가고 마침내 죽게 된다.

그렇지만 죽음은 우리가 그리는 종이의 가장자리와 같을 뿐이다. 우리가 우리 몸을 볼 수 없게 되더라도, 우리 영혼의 **나선**은 점점 더 넓게 퍼져 나간다.

그래서 프리덴스라이히 훈데르트바서는 나선을 사랑하고 나선에 열광했다. 그리고 거듭해서 그림에다 나선을 그렸다.

224 커다란 길, 1955

그림은 꿈의 결실이다

그림을 그리려면 여러 가지가 필요하다.
물감이 필요하고, 종이나 캔버스가 필요하고, 아이디어가 필요하다.

여러분도 분명 그림을 그려 봤을 거다. 맨 처음에는 대개 손가락에 물감을 묻혀서 그렸거나 알록달록한 크레용으로 그렸을 거다. 어린아이들은 연필을 잡는 것이 매우 어려우니까 ……. 무엇으로 그리든 아이들은 그림을 그린다. 그림을 그린다는 것 자체가 재미있을 뿐 아니라 색으로 형태를 만들고 놀이를 하는 것은 놀라운 느낌을 안겨 주기 때문이다. 나중에 가서야 아이들은 여러 도구, 즉 연필이며 붓을 다루는 법을 배운다.

그림을 그리려면 어떤 **재료**들을 쓸 수 있을까?
어떤 것들이 필요할까? 직접 써 본 적이 있는지?

현대 화가들의 그림은 종종 수수께끼 같다. 우리 세계가 그대로 찍힌 사진과는 다르다. **화가들은 우리를 그들의 세계로,** 화가의 세계로 **데려간다.** 훈데르트바서의 세계에서는 평범하지 않은 것들을 볼 수 있다. 다음을 보라.

직접 해 보기
89쪽

…… 여러 개의 눈이 달린 머리 ……

193) 하얀 창문들이 있는 머리, 1954

…… 겹고양이 ……

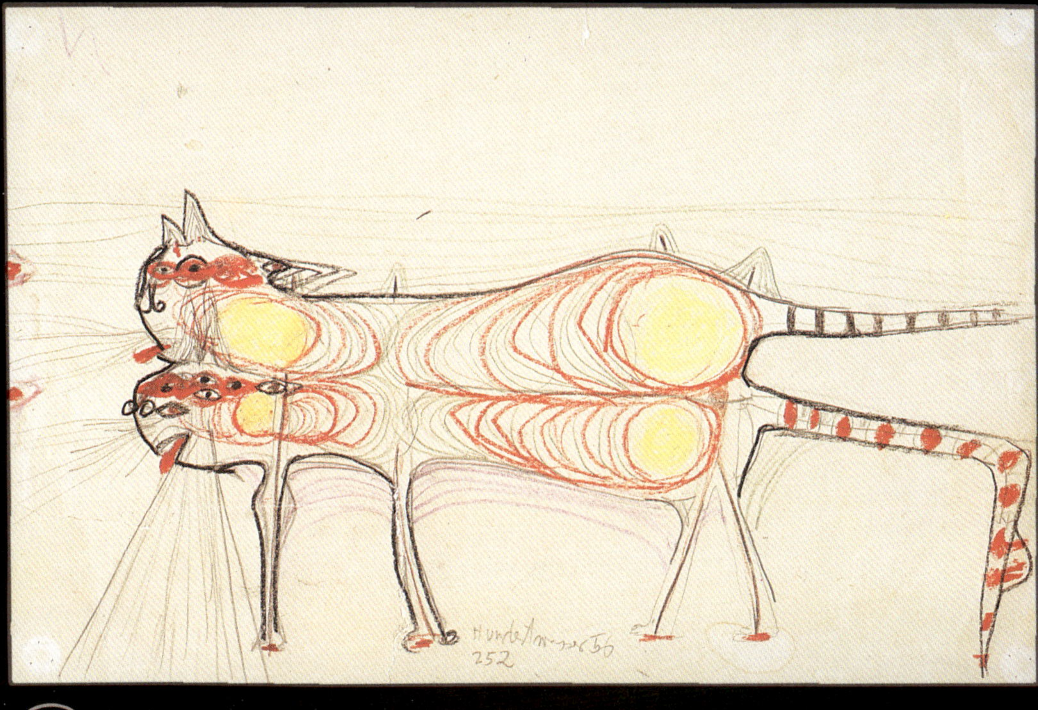

252) 겹고양이, 1956

보랏빛 태양이 있는 풍경, 1956

······앞면에 나선무늬가 있는 둥근 집······

566 아틀란티스의 세 집, 1963

······나무들이 자라는 머리와 배······

687 콜럼버스가 인도에 착륙하다, 1969

······ 색색 줄무늬 물 위를 달리는 보트 ······

831) 부드러운 요트, 1982

······ 뱀 뱃속의 두 자전거 주자.

956 다다쿨라치 라티카우다 코루브리나(줄무늬 바다뱀), 1994

"그림을 그린다는 것은 꿈을 꾸는 것이다. 나는 그림을 그릴 때 꿈을 꾼다.
꿈이 끝나면 나는 무슨 꿈을 꾸었는지 기억하지 않는다.
하지만 그림은 남는다. 그림은 꿈의 결실이다."

훈데르트바서는 매우 느릿느릿 그림을 그렸다. 한 그림을 끝내기까지 일 년이 걸릴 때도 종종 있었다. 물론 일 년 내내 그 그림 앞에 앉아 있지만은 않았다. 그림을 그리다가 옆으로 제쳐 두고 다른 그림을 시작했고, 여행을 떠나기도 했다. 여행에서 돌아오면 다시 그것을 꺼내서 작업을 계속 했다. 그림은 식물처럼 자랐다. 처음에는 선 몇 개와 평면뿐, 보이는 것이 거의 없었다. 거기에 조금씩 조금씩 덧붙여지며 더 찬란한 색으로 발전했다.

그림은 눈에 띄지 않고 천천히 자라났다. 훈데르트바서는 자신의 그림 그리는 방식을 식물적 회화법이라고 불렀다.

식물적이란 말은 한편으로는 식물과 관련이 있다는 뜻이지만, 다른 한편으로는 **의지에 따른 일이 아니라는** 뜻도 있다. 꿈꾸는 것과 비슷하게 말이다. 우리 머릿속에서 그림들이 생겨난다. 하지만 우리 자신이 생각해 낸 그림들은 아니다. 그 그림들은 그냥 온다. 그것은 아주 독특한 과정이다. 하지만 매우 기쁘고 신나는 것이다.

놀이로 비슷한 체험을 해 볼 수 있다. 눈을 가릴 천과 친구가 필요하다. 눈을 묶고 방향 감각을 잃을 때까지 뱅글뱅글 돈 다음에 자기가 어디 있는지 알아보는 놀이다. 문은 어디 있지? 창문은? 소파는? 처음에는 불확실해서 멈추어 서 있다. 그러다가 귀를 기울여 소리를 듣고, 만져 보기 위해 손을 뻗친다.
어쩌면 문득 방에서 어떤 냄새가 나는지 깨달을 수도 있다. 이제 조심조심 걸어 본다. 천천히 자신의 길을 탐험해 보는 거다. 하지만 어디엔가 걸려 넘어지지 않도록 친구가 도와줄 테니 안심해도 좋다. 안전하게 인도해 줄 친구가 있다는 사실은 용기와 확신을 준다. 충분히 실험해 본 다음에는 역할을 바꿔 본다. 자신이 누군가 다른 사람을 인도하고 보살핀다는 것이 어떤 것인지도 체험할 수 있을 것이다.

훈데르트바서는 그림을 그릴 때 그렇게 느꼈다. 훈데르트바서는 말했다.

"화가가 자신이 그리는 것에 놀라워하지 않으면 그것은 좋은 그림이 아니다. 나는 내 그림에 놀라고 싶다. 끊임없이 나의 그림을 발견하고 싶다."

"화가라는 것은 뭔가 엄청난 것이다. 그림은 우리에게서 아주아주 멀리 떨어진, 탐구되지 않은 지역으로 나아갈 수 있는 가능성을 준다."

여러분이 공간을 탐색했듯이 훈데르트바서는 그림을 탐색했다. 자신이 표현하고 싶은 생각과 꿈 또는 느낌이 있었다. 그렇다고 대뜸 붓을 달리게 한 것은 아니다. 한동안 캔버스 앞에 앉아 있다가 아주 천천히 그리고 조심스럽게 그리기 시작했다. 먼저 자신의 그림에 맞는 올바른 길과 올바른 색을 찾아내야 했다. 그러다가 문득 인도받는 느낌을 받았다. 그다음엔 더 이상 생각할 필요가 없고 모든 것이 저절로 되어 가는 것처럼 느꼈다. 훈데르트바서는 언젠가 이렇게 묘사했다.

"나는 그림을 그릴 때 억지로 진행하지 않는다. 인도받도록 내버려 둔다. 그렇게 함으로써 잘못을 범하지 않을 수 있다."

많은 예술가나 어떤 일에 아주 깊이 침잠할 수 있는 사람들은 이런 느낌을 이야기한다. 여러분도 어떤 일에 시간이 어떻게 흘러가는지 모를 정도로 몰두해 본 적이 있는지? 누가 불러도 듣지 못할 정도로?

그림을 그리는 훈데르트바서, 1989

그럴 때면 아무 생각 없이 그냥 그 일을 계속한다. 나중에 가서야 힘을 기울이지도 않았고 오래 걸리지도 않았는데 어떻게 그 모든 것을 할 수 있었는지 스스로 놀라기까지 한다. 마치 누군가, 그가 누구인지, 어디서 왔는지 잘 모르지만, 여러분의 손을 잡고 인도한 것처럼 말이다.

훈데르트바서는 그림을 그린다는 것은 종교적인 활동과 같다고 말했다. 훈데르트바서는 신성한 힘에 의해 인도된다고 확신했다.

808 물의 끝, 1979

훈데르트바서는 **암다채의 색**을 특히 좋아했다. 암다채는 훈데르트바서가 지어낸 말이다. 훈데르트바서가 느끼기에 가장 좋은 표현이었기 때문이다.

"암다채는 순수하고 강하고 깊은 색이라는 뜻이다. 비 오는 날처럼 조금 슬픈 색이기도 하다."

"비 오는 날에는 색이 빛난다. 그래서 흐린 날-비 오는 날-은 나에게 가장 아름다운 날이다. 내가 일할 수 있는 날이다. 비가 오면 나는 행복하다. 비가 오면 나의 날이 시작되었음을 안다."

직접 해 보기
90쪽

840 구름 낀 하늘-저기 거기의 하늘, 1982

암다채와 비 오는 날을 아름답다고 생각한 훈데르트바서는 이 단어들을 이름에 덧붙였다. 그래서 이런 이름이 되었다.
프리덴스라이히 레겐탁 둥켈분트 훈데르트바서(평화의 나라 비 오는 날 암다채 100개의 강-옮긴이)

자연의 색이 어떻게 변하는지 관찰해 본 적이 있는지? 태양이 지평선 위에 바로 떠 있는 아침의 색은 어땠는지? 하늘 높이 떠 있고 가장 밝게 빛나는 정오에는? 숲은 매 시각, 빛의 분위기에 따라 변할 수 있다. 구름이 드리워진 오후의 숲은 햇살 맑은 봄의 아침과는 완전히 다르게 보인다. 비 오는 날에도 색이 달라진다.

여러분도 직접 실험을 해 볼 수 있다. 어느 맑은 날, 그날의 색은 어땠고 어떤 느낌이었는지 기억을 되살려 본다. 그러고는 물감 상자에서 가장 적합한 색을 찾아 그림으로 그린 다음 그것을 보이지 않는 곳에 치워 놓는다. 이제 비 오는 날을 생각해 본다. 그 날 자연에 있었을 때 분위기는 어떠했는지? 색은? 물감 상자에서 원하는 색을 발견할 수 없으면 물감을 섞어 본다. 비 오는 날의 분위기를 잡아내려면 어떤 색을 섞어야 할까? 이것은 흥미진진한 실험이다. 그림을 마치면 두 그림, 즉 맑은 날을 그린 그림과 비 오는 날을 그린 그림을 비교해 볼 수 있다.

차이가 느껴지는지?

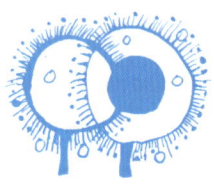

훈데르트바서는 색의 예술가였다.
"무엇이 좋은 그림이지요?"
훈데르트바서는 대답한다.

"그림이 마법으로 가득 차 있다면, 행복을 느끼게 한다면, 웃거나 울도록 자극한다면, 뭔가 감동을 준다면, 한 송이 꽃이나 한 그루 나무처럼, 자연처럼, 없으면 그리운 그런 것이 된다면, 그렇다면 좋은 그림이다."

핏비가 울음 교회의 정원으로 떨어지다, 1961

세 개의 피부
첫 번째 피부 : 몸

피부는 우리 몸을 감싸면서 모든 것을 서로 붙어 있게 한다. 피부는 우리 자신의 일부로써 남들이 볼 수 있는 외피다. 모든 생물은 각기 생활 환경에 알맞은 피부를 갖고 있다.

물고기는 물속에서 산다. 그래서 물속을 잘 헤엄칠 수 있도록 대개 매끄러운 **비늘 피부**를 갖고 있다.

새의 피부에는 나는 데 필요한 **깃털**이 있다.

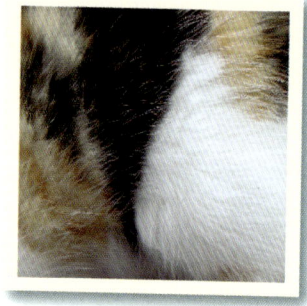

다른 동물은 추위로부터 몸을 보호하기 위해 **털가죽**이 두껍다.

인간도 마찬가지로 피부가 있지만, 모든 부분이 똑같지는 않다. 얼굴이나 간지럼을 잘 타는 곳의 피부는 연하다. 하지만 발바닥 피부는 그렇게 연하지 않다. 그래서 달리는 데 도움을 준다. 피부가 두껍기 때문에 길에 돌멩이가 있어도 덜 느껴지고 맨발로 걸어도 아프지 않다. 발이 얼굴처럼 얇은 피부를 갖고 있다고 상상해 보라. 그러면 하루 종일 침대나 욕조 속에 누워 있어야 할 거다. 하지만 여러분은 우리가 너무 오래 물속에 있게 되면 피부가 어떻게 되는지 잘 알고 있을 거다. 맞다. 피부가 쭈글쭈글해진다. 우리는 물고기가 아니니까 말이다.

나무는 심지어 부위에 따라 피부가 다르다. 각 부분이 다른 임무를 갖기 때문이다.

줄기는 나무의 크기를 결정한다. 우듬지를 받치려면 단단해야 하기 때문에 줄기의 피부는 대개 거칠다. 딱딱해서 보호해 주는 **껍질**인 것이다.

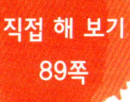

직접 해 보기
89쪽

나뭇가지는 껍질이 그다지 단단하지 않다. 휘어질 수 있어야 하기 때문이다. 그렇지 않으면 바람이 불거나 비가 올 때 부러져 버릴 것이다.

나뭇잎은 해마다 새로 자란다. 잎은 나무가 숨을 쉬게 해 준다. 나뭇잎의 피부는 가장 연하다. 심지어 계절에 따라 색이 달라지기도 한다.

두 번째 피부 : 옷

우리는 몸을 따뜻하게 해 줄 털가죽이 없기 때문에 옷을 발명했다. 그러니까 옷은 우리의 두 번째 피부다. 첫 번째 피부는 선택할 수 없다. 세상에 태어날 때 이미 주어진 것이기에 받아들여야만 한다. 하지만 두 번째 피부는 선택할 수 있다. 옷은 우리를 보호해 줄 뿐만 아니라, 나아가 우리가 어떤 사람인지 보여 줄 수 있다. 소녀와 소년, 남자와 여자는 서로 다른 옷을 입는다. 입은 옷을 보면 학교에 가는지, 운동하러 가는지, 수영을 하는지, 잠자러 가는지 알 수 있다.

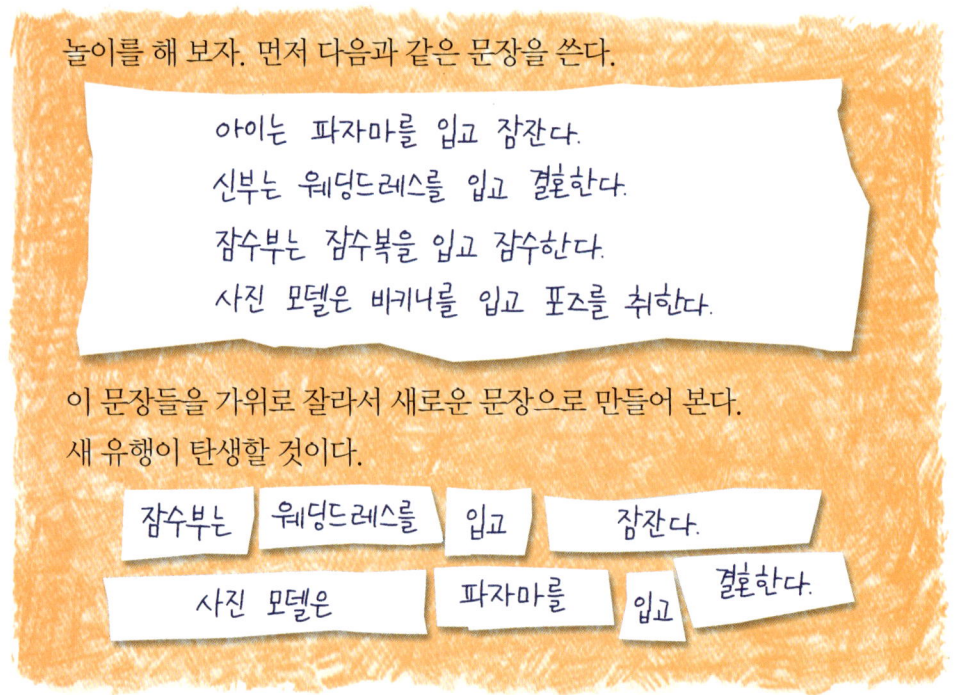

놀이를 해 보자. 먼저 다음과 같은 문장을 쓴다.

아이는 파자마를 입고 잠잔다.
신부는 웨딩드레스를 입고 결혼한다.
잠수부는 잠수복을 입고 잠수한다.
사진 모델은 비키니를 입고 포즈를 취한다.

이 문장들을 가위로 잘라서 새로운 문장으로 만들어 본다.
새 유행이 탄생할 것이다.

잠수부는 웨딩드레스를 입고 잠잔다.
사진 모델은 파자마를 입고 결혼한다.

훈데르트바서는 사람들이 모두 똑같은 모양에 그다지 멋도 없는 옷을 입는 것을 의아하게 여겼다. 때로는 화를 내기도 했다. 왜냐하면 뭔가 **특별한 것, 비범한 것, 유일무이한 것**을 소중하게 생각했기 때문이다. 자신이 만나는 사람이 입은 옷을 보고 그가 어떤 사람인지 알고 싶어했다. 하지만 사람들은 자신의 아름다움과 특별함을 보여 주는 대신 튀어 보일까 봐 불안해한다.

그토록 비범하고 놀라운 우리가 그토록 멋없이 똑같은 옷을 입다니!
훈데르트바서는 자신의 눈을 기쁘게 하고 싶었다. 사람들에게서 다채로운 색과 모양을 발견하고 싶었다. 재미있게 생긴 모자와 독특한 디자인, 여러 모양의 양말을 보고 싶었다. 아름답다고 여겨지는 옷을 어디서도 구할 수 없었기 때문에 직접 만들거나 맞춰 입었다.

훈데르트바서는 늘 짝이 다른 양말을 신었다.

훈데르트바서가 『보그』지를 위해 디자인한 양복을 입고 있다.

훈데르트바서는 세로 줄무늬를 특별히 멋있다고 생각했다.

훈데르트바서는 자신이 중요하게 여기는 것을 다음과 같이 이야기했다.
"옷은 집과 같다. 안쪽이 바깥쪽보다 덜 아름답고 덜 편안해야 할 까닭은 전혀 없다. 파자마를 입는 것과 같다. 파자마는 매우 편안하다. 사람은 파자마를 입고 잠잘 수 있다. 양복을 입고도 잘 수 있다. 헐렁한 양복을 입으면 훨씬 편하게 느껴진다. 소매는 길고 가장자리 솔기도 꿰매지 않았다. 단추도 모두 다르다. 형태뿐만 아니라 색도 다르다. 그것이 훨씬 재미있고 흥미롭다.
양말 역시 다르다. 왼쪽과 오른쪽이 절대 똑같은 적이 없다. 나는 줄무늬를 사랑하는데 언제나 주름이 져 있기 때문에 뻣뻣하거나 똑바른 직선처럼 보이지 않는다. 다림질을 하지 않으면 특히 그렇다. 언제나 모든 것을 다림질하려 드는 것은 병적이다. 세탁은 좋지만 다림질은 아니다."

직접 해 보기
90쪽

훈데르트바서는 사람들이 모자를 쓰고 다니지 않는 것을 슬퍼하기도 했다. 모자는 예쁘고 굉장한 것이기 때문이다. 모자는 사람의 키를 더 커 보이게 하고 중요성을 부여한다. 예를 들어 왕관처럼 말이다. 모든 인간은 자신을 왕처럼 여겨야 하며, 그만큼 아름답고 중요하고 세상에 대한 책임감에 차 있어야 한다.
훈데르트바서는 말했다.

"나는 왕이다. 스스로에게 왕관을 씌워 주었다. 비탄의 골짜기보다는 부유한 여왕과 풍요로운 골짜기에서 사는 것을 좋아한다. 그렇게 되면 멀리 다른 왕국이나 낙원을 찾아갈 필요가 없을 것이다. 왜냐하면 서로 가까운 이웃이 될 것이기 때문이다."

훈데르트바서에게 삶은 축제고,
우리 세계는 낙원이며,
모든 인간은 왕이 될 수 있었다.

그렇게 된다면 어떤 모습이 될지 한번 그려 보라. 여러분이 왕자나 공주가 된다면 어떤 모습일까?

생일을 맞거나 봄이 시작된 기념으로, 또는 그냥 삶이 아름다워서 파티를 열 생각이라면, 초대장에 이렇게 쓸 수 있을 거다.

    나의 왕국 무도회에 초대할 수 있어서 기쁩니다.
    부디 가장 멋진 왕자 또는 왕비 복장을 하고 와 주세요.
    왕이 먹는 것과 같은 음식을 먹으며 왕처럼 즐거운 시간을 갖게 될 것입니다.
                             추신 : 왕관을 잊지 마세요!

모두 다 왕이 되어 함께할 수 있다는 것이 얼마나 멋진 일인지 체험할 수 있을 것이다.
그럼 멋진 파티가 되기를!

모자 쓰기, 1982

세 번째 피부 : 집

훈데르트바서가 말한 세 번째 피부는 집과 건물이다. 우리 몸을 위한 옷과 마찬가지로 집은 우리 사생활이 이루어지는 공간의 덮개다. 따라서 밖에서 건물 앞모습을 보고 창문 뒤에 누가 사는지 알아볼 수 있어야 한다.

이 건물은 창문도, 발코니도 모두 같다. 하지만 건물 안에 사는 사람도 모두 똑같을까?

프리덴스라이히 훈데르트바서는 이런 말을 했다.

"밖을 내다보면 모든 것이 불행으로 가득 차고 모두 감옥에 갇혀 있는 듯이 보인다. 그것을 보고 있노라면 너무도 끔찍해서 나 자신마저 싫어진다. 만약 내가 어딘가를 내다볼 때 곳곳이 아름답다면 얼마나 좋을까. 중요한 것은 사람들이 스스로 자신의 성을 짓는 것이다."

여러분도 자기가 바라는 **소망의 성**을 그려 보길. 어떻게 살고 싶은지? 한적한 농가에서 살고 싶은지, 아니면 동굴, 아니면 궁전에서? 그 성은 나무 위에 있을까, 땅속에 있을까, 구름 위에 있을까? 가족을 위해서는 어떤 방이 필요할까? 근사한 애완동물도 데리고 살고 싶은지? 그렇다면 동물이 살 우리가 필요하겠지? 자신이 원하는 세상에서 가장 좋은 자리를 꿈꾸고 그것을 그려 보길.

빈의 훈데르트바서 하우스, 1983-1985 ▶

다르게 살기

훈데르트바서는 그림만 그리지 않았다. 자신의 재능을 여러 분야에 쏟아 넣었다.

건축에도 관심을 가졌다. 건물이나 집을 짓는 데서도 그 안에 자신의 이념과 꿈을 반영하는 것이 중요했다. 가능한 한 자연이 일상생활 속에 도입되어야 한다고 생각했다.

일요일에 소풍을 가서 초록과 상쾌한 공기를 즐기는 것은 중요하다. 하지만 일상적인 공간에서도 언제나 그럴 수 있어야 한다. 심지어 대도시에서도 마찬가지다. 훈데르트바서에게 색은 언제나 큰 역할을 했기 때문에 훈데르트바서가 생각한 행복한 집 역시 다채롭고 눈부신 모습이었다.

다름슈타트의 숲 나선, 1998-2000

바트 조덴의 초원, 1990-1993 ▶

창문권

모든 가정이 자신의 집을 지을 수 있지는 않다. 많은 사람이 도시에 살고, 주택 단지나 아파트, 다세대 주택에서 산다. 따라서 유감스럽지만 자신이 사는 건물 모양을 결정할 수는 없다. **건축가**는 자신이 가장 훌륭하고 아름답다고 여기는 대로 건물을 설계한다. 건물을 지을 공간은 어느 정도일까? 건물 안에서 얼마나 많은 사람이 살 것인가, 또는 일을 할 것인가? 창문은 얼마나 커야 하고 벽은 얼마나 두꺼워야 하나? 방은 작고 좁아야 하나 아니면 크고 널찍해야 하나? 일 층에서 이 층으로 어떻게 올라가야 하나?

빈 슈피텔라우 열 난방 발전소 옆 창문, 1988-1992

건축가는 이런저런 물음에 좋은 답을 찾고자 한다. 그런 다음 **설계도**를 그린다. 그 다음에 **건축 회사**와 **건축 노동자**들이 건물을 짓는다.

세입자는 이렇게 **남이 설계하고 지은 집으로 이사를** 온다. 사정이 이러니 어떻게 집집마다, 창문마다 다른 사람이 살고 있음을 보여 줄 수 있을까? 사람은 누구나 세상에 단 하나뿐인 유일무이한 존재라고 해도 말이다.

다름슈타트의 숲 나선의 발코니와 창, 1998-2000

훈데르트바서는 창문을 에워싼 공간만큼은 스스로 만들 권리가 있다고, 그 권리를 가져야 한다고 주장했다. 이 권리를 창문권이라고 불렀다.

훈데르트바서의 생각은 이렇다. 한 사람이 창에서 팔을 뻗쳐 닿는 범위는 개인의 공간이다. 그 공간만큼은 자신이 좋은 대로 만들어도 된다.

세입자는 그것을 칠할 수도, 타일로 장식할 수도 있다. 꽃 상자를 놓고 꽃이나 채소를 키울 수도 있다. 창이 아리따운 숙녀의 목이라도 되는 듯 아름다운 사슬을 걸 수도 있고, 태양빛을 받아 반짝이는 금속판을 박을 수도 있다.

모든 사람이 각각 그런 창문을 갖고 있다면 친구에게 이렇게 말할 수 있을 것이다. "저것 봐, 저기 보랏빛 약초 창문 뒤에 내가 살고 있어.", "내가 어디서 살고 있는지 알아맞혀 봐. 어느 창이 내 방 창문일 것 같아?"

여러분의 창은 어떤 모습일까?
여러분은 어떤 모양, 어떤 장식으로 꾸밀까 정했는지? 분명 멋진 아이디어가 많을 거다. 하지만 유감스럽게도 오늘날 우리는 상상밖에 할 수 없다. 훈데르트바서는 그것이 모든 사람의 권리라고 주장했지만 우리 형편은 그렇게 할 수 없기 때문이다. 제대로 된 집을 만들려면 성가신 일이 얼마나 많은지 모른다. 어떤 모습이 될 수 있을지 시험해 보려면 상자로 만들어 보는 것도 한 방법이다.

직접 해 보기
91쪽

나무 의무

건물은 우리를 보호해 주고 살 공간을 준다. 집은 중요하다. 하지만 집이 세워지기 전에 그곳은 어쩌면 초원이었을 수도 있고, 어떤 나무가 자리잡은 터전이었을 수도 있다. 사람이 살기 전에는 식물들의 생활 공간이었던 것이다.

단지 식물들뿐일까?

사람과 식물, 두 생명이 생활 공간을 유지하면서 사이좋게 나란히 살 수 있도록 하려면 어떻게 해야 할까? 훈데르트바서는 아주 간단하게 대답했다.

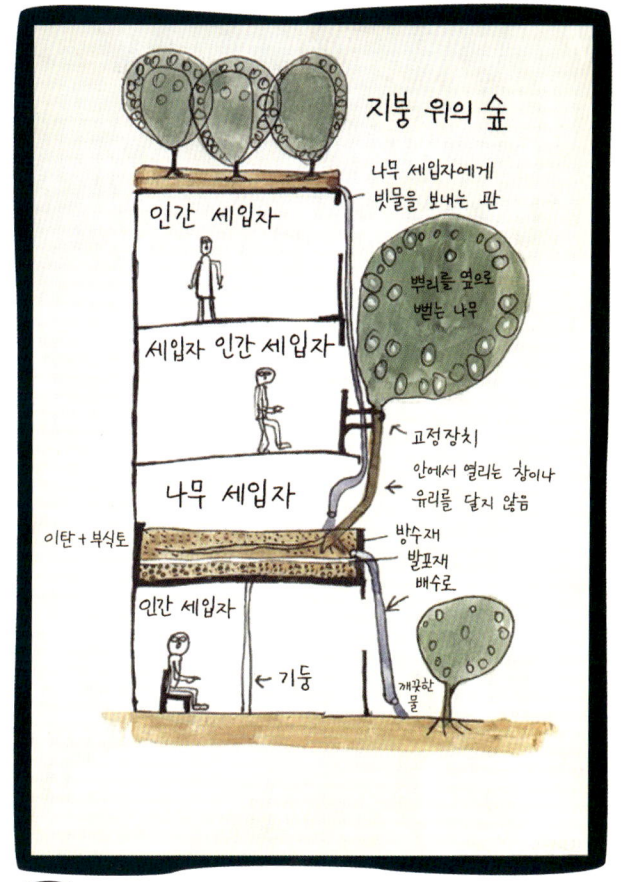

766 나무 세입자, 1976

"우리가 초원의 공간을 빼앗아 왔다면 옥상에다 다시 만드는 거다. 그렇게 되면 초원은 다시 충분한 자리를 얻게 되고, 거기에는 멋진 옥상 정원이 생기게 된다."

모든 생물은 생활 공간을 가질 권리가 있다. 나무도 마찬가지다! 하지만 나무는 말을 할 수 없기 때문에 대변해 줄 사람이 필요하다. 인간은 식물과 함께 살면서 이익을 얻는다. 나무는 잎을 통해 공기를 맑게 하고 그늘을 만들어 준다. 나무 세입자는 나뭇잎이 먼지와 소음을 빨아들일 뿐만 아니라 나뭇잎 지붕으로 보호해 줌으로써 사람들에게 편안한 느낌을 줄 수 있다.

나무는 나비와 새가 머물도록 초대하기도 한다. 이렇게 우리 삶에서 다시 아름다움과 기쁨이 커진다. 훈데르트바서는 나무를 심는 것은 의무라고 생각했다. 그리고 그것을 나무 의무라고 불렀다.

집은 여러 방식으로 지을 수 있다. 높게, 길게, 넓게, 둥글게, 각지게도 지을 수 있고, 한 색 또는 여러 색으로 다채롭게 지을 수 있다. 또 돌, 벽돌, 금속, 유리, 진흙, 나무나 짚으로도 지을 수 있다. 훈데르트바서는 널리 여행을 다니며 여러 건축 형식을 알게 되었고, 그것들로부터 영감을 받았다. 훈데르트바서에게 가장 중요한 것은 언제나 인간의 공간을 자연과 결합시키는 것이었다.

눈 모양 집, 1974
(모델)

나선집, 1975
(모델)

빈의 뢰벤가세에 있는 훈데르트바서 하우스

훈데르트바서가 설계한 최초의 집은 오스트리아의 빈에 정말로 지어졌다. 이 건물을 지을 때 시장과 시의원들을 설득하는 일은 조금 힘들었다. 모든 사람을 만족시킬 만한 좋은 방법을 발견하기까지 훈데르트바서는 분명히 많은 설계도를 그리고 모델하우스를 만들었을 것이다.

훈데르트바서의 설계에 따르면, 이 건물에는 모두 50가구가 살게 될 것이다. 여기에는 나무 세입자와 옥상 정원, 서로 다른 모양의 창문이 있게 될 것이다. 양파 모양 탑과 똑바르지 않은 선, 타일 모자이크, 툭 튀어나온 창과 발코니가 있는 다채롭고 환상적인 건물이어야 한다. 안쪽에는 여러 색깔의 찬란한 기둥이 서게 될 터인데, 굳건하게 서 있는 모습이 거주자들에게 나무줄기를 연상시킬 것이다.

이 건물은 볼품없는 벽돌 모양이 아니라 부분 부분 높이가 서로 달라서 다양한 스카이라인을 그려야 한다. 훈데르트바서가 늘 꿈꿔 왔던 대로 동화처럼 아름다운 건물이 되어야 한다.

직접 해 보기
91쪽

1985년 완성된 훈데르트바서 하우스, 빈

1983년 훈데르트바서 하우스의 초석(건물 기둥 밑에 기초로 받치는 첫 번째 돌)을 놓는 기공식이 거행되었다. 그때부터 건물이 지어지기 시작했다. 이렇게 큰 기획에는 여러 직업을 가진 아주 많은 사람이 참여한다. 많은 사람이 건물을 짓는 데 함께 도왔다. 정말 멋지게 짓는 데 성공한 것 같지 않은가?

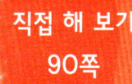

직접 해 보기
90쪽

나무 세입자

입구의 분수

현관의 기둥

자연+아름다움=행복

수학같이 보이지, 안 그래?!
2 + 2 = 4
자연+아름다움=행복

훈데르트바서에게 이 공식은 어떻게 하면 사람이 행복을 발견할 수 있는지 가장 간단하게 표현한 것이다.

행복하다는 것과 운이 좋다는 것은 다르다.

사고를 당했는데 어떤 나쁜 일도 일어나지 않았을 때 사람들은 운이 좋았다고 말한다. 하지만 그렇다고 반드시 행복한 것은 아니다. **행복과 행운은 사람마다 생각하는 것이 조금씩 다르다.** 만약 여러분이 멋진 스케이트보드를 선물받는다면 행복하겠지만, 할아버지가 생일 선물로 스케이트보드를 받는다면 아마도 여러분처럼 그렇게 행복하지는 않을 것이다.

자연과 아름다움은 훈데르트바서를 행복하게 하는 것이었다. 훈데르트바서는 말했다.

> "지상에는 행복하게 지내는 데 필요한 모든 것이 갖춰져 있다. 하늘에서 내리는 눈이 있는가 하면, 날마다 새로 찾아오는 아침이 있다. 나무와 비가 있고, 희망과 눈물이 있다. 기름진 땅과 산소가 있고, 동물과 온갖 색이 있고, 먼 나라와 자전거가 있으며, 태양과 그림자가 있다. 우리는 부자다."

◀ 뉴질랜드 원시림 속의 훈데르트바서, 1994

다음 단어가 여러분에게 어떤 의미를 지니는지 생각해 보고 글로 써 보거나 그림으로 그려 보자.

자연: 자연 속에 있으면 어떤 느낌이 드는지? 자연은 여러분에게 얼마나 중요한지? 자연에서 어떤 점을 좋아하는지? 혹시 마음껏 빨리, 그리고 멀리 달릴 수 있어서 좋아하는지, 아니면 나무 위로 기어오를 수 있어서, 호수에서 신 나게 헤엄을 칠 수 있어서, 비가 오거나 눈이 와서 좋아하는지? 그 밖에 또 뭐가 있을까?

아름다움: 여러분은 무엇을 아름답다고 느끼는지? 여러분이 아름답다고 생각하는 그림이나 물건 또는 사람이 있을 거다. 색이 아름다울 수도 있다. 하지만 파티를 한다거나 이야기를 듣는다거나 요란한 음악에 맞춰 춤을 춘다거나 조용히 앉아 퍼즐을 푸는 것을 아름답다고 할 수도 있다. 여러분이 아름답다고 느끼는 것을 모두 꼽아 보길.

행복: 여러분에게 행복은 무엇이며 언제 행복한지? 가장 행복했을 때는 언제인지? 마음이 내킨다면 그 반대도 생각해 볼 수 있다. 예를 들어, 엄청 보기 싫다고 느끼는 것은 무엇인지? 정말 왕짜증이 나는 것은? 여러분에게 불행은 어떤 것이고 언제 조금도 즐겁지 않는지?

훈데르트바서는 언젠가 이런 말을 했다.

> "아름다움은 만병통치약이다."

말하자면 아름다움은 모든 것을 치료할 수 있는 일종의 약이란 뜻이다.
이때 훈데르트바서가 말하는 병은 기침이나 코감기처럼 진짜 병이 아니라
영혼을 병들게 하는 것을 뜻한다

745 사랑하는 정원에서 거시기들이 자란다, 1975

오, 성스러운 똥!

순환이란 언제나 다시 처음부터 시작하는 것을 말한다.
처음도 끝도 없이 뱅글뱅글 돌면서 달린다. **자연에는 많은 순환**이 있다. 바다, 강, 호수의 물이 태양열을 통해 증기가 되면 하늘로 올라간다. 하늘에서 물은 구름이 되어 모이고 구름에서 다시 바다와 호수, 강으로 비가 되어 내려온다. 그리고 거기서 처음부터 다시 시작한다.

692A 먼 곳에서 비가 내린다, 1972

이 모든 것이 얼마나 교묘하게 작동하는지 한번 생각해 보자. 식물은 살아가는 데 비가 필요하다. 물이 그냥 바닷 속에만 머물러 있다면 식물은 말라 죽을 거다.

자연의 대순환은 생성과 소멸의 순환이다.
식물은 자라서 푸르러지고 꽃을 피우고 열매를 맺었다가 시들어 죽는다. 그렇다면 이건 순환이 아니지 않을까? 어떻게 이 모든 것이 처음부터 다시 시작한다는 걸까?

예를 들어, 사과의 핵심은 씨앗이다. 씨앗에서 작은 사과나무가 자란다. 그런데 나머지는 어떻게 될까? 나무에서 떨어진 나뭇잎과 익은 사과는 땅 위에 있다가 썩어서 아주 작은 부분으로 분해되고 다시 흙이 된다. 이 흙 속에 다시 씨앗이 떨어지면…… 그다음은 여러분도 잘 알고 있을 거다. 이것은 완전한 순환이다. 하지만 사과를 여러분이 먹는다면, 그럼 어떻게 될까? 그렇다. 당연히 성스러운 똥이 된다! 우리가 몸에서 만들어진 갈색 똥을 변기에 눈 다음 변기의 물을 내리면 똥은 사라져 버린다. 어디로? 그 똥은 어떻게 되는 걸까?

직접 해 보기
92쪽

사과나 나뭇잎과 마찬가지로 우리가 배설한 똥도 부식토가 된다. 부식토는 영양분이 아주 많은 흙을 말한다. 이건 굉장한 일이다. 우리 똥이 부식토가 되게 할 때 우리는 자연의 순환에 동참한다. 자연에서 영양을 취하고 자연에 양분을 돌려주는 것이다. 다만, 화장실에서 물과 함께 내려보내면 그렇지 못하다. 비록 그것이 실용적이고 냄새도 나지 않을지라도 우리 똥은 곧바로 흙으로 돌아가지 않는다. 우리는 순환을 깨뜨리고 있다! 그럼으로써 자연의 일부도 아니다!

훈데르트바서는 그 점에 대해서도 많은 생각을 했다. 늘 우리 인간이 놀라운 순환의 일부임을 기억하게 하려고 애썼다. 건강한 순환을 고무줄에 빗대어 상상해 보자. 고무줄은 끊어지면 완전히 쓸모없는 물건이 된다.

인간과 자연의 끊어진 순환을 다시 회복하기 위해 훈데르트바서는 부식토 화장실을 설계하고 만들었다. 이 화장실은 놀라울 정도로 잘 작동하고, 실제로 훈데르트바서도 직접 사용했다.

"내가 이것을 만든 목적은 자기 똥이 어떻게 황금이 되는지 보여 주기 위해, 이 모든 것이 잘 작동하는 것을 보고 기뻐하도록, 더 만족스럽게 잠잘 수 있도록 하기 위해서다."

부식토 화장실-설계도와 사용법, 1980

훈네르트바서는 가는 집마다 부식토 화장실을 사용했다.

황금이라니? 그 말은 똥이 황금만큼 매우 귀중한 것이라는 뜻이다. 똥은 생명의 일부다. 그것이 부식토가 될 수 있을 때 거기서 다시 새 생명이 자라게 되는데, 이것이 바로 기적이다.

정원 난쟁이

정원 같은 곳에 세워 둔 난쟁이를 본 적이 있는지? 뾰족모자를 쓴 작은 인형인데, 우리는 그것을 정원 난쟁이라고 부른다. 그들은 손에 삽을 들고 자연에게 싱긋 미소를 보낸다.

훈데르트바서는 이런 말을 한 적이 있다.

"우리가 역사를 쓰기 오래전에 우리 인간은 새와 동물, 식물과 나무, 심지어 물과 돌, 구름과 이야기를 나누는 재능이 있었다. 옛날이야기 책을 보면 그렇다. 정원 난쟁이는 요정이라든가 물 요정, 도깨비, 거인 같은 사람들과 더불어 아주 머나먼 옛날부터 지금까지 남아 있는 존재다. 오늘날 우리는 분별력이 생겼지만 자연의 언어는 잊어버렸다. 그래서 정원에 난쟁이를 두는 거다."

정원 난쟁이는 우리 인간을 위해 자연과 이야기를 나눈다고 한다. 하지만 인간은 자연에게 무엇을 말하고 무엇을 묻고 싶을까? 훈데르트바서는 그 점에 대해서도 생각했다.

"사람들은 자연을 부당하게 대한다 싶을 때면 미안하다는 표시로 정원 난쟁이를 세워 놓는다. 난쟁이는 작다. 풀과 꽃도 작기 때문이다. 더 작아지면 달팽이와 동물, 식물과 이야기를 더 잘 나눌 수 있다. 우리는 이제 그렇게 할 수 없다."

직접 해 보기
91쪽

훈데르트바서는 포스터로 자연을 보호하자는 캠페인을 했다.

775A 노아의 방주 2000 - 당신은 자연의 손님 - 그에 마땅하게 행하라, 1981

808B 함부르크 - 자유로운 자연은 우리의 자유다, 1984

왜 훈데르트바서는 인간이 자연에게 부당한 짓을 한다고 생각했을까?

여러분은 **환경 오염**이라는 말을 들어 봤을 거다. 예를 들어, 우리 인간이 쓰레기를 아주 많이 만들어 놓고는 간단히 치우지 못할 때 환경 오염이 생긴다. 때로는 보기 싫게 곳곳에 나뒹굴 뿐만 아니라 자연을 오염시키고 해를 끼치기도 한다.

훈데르트바서는 그것을 이렇게 생각했다.

"인간이 깨끗한 양심을 갖고 싶다면 쓰레기로부터 자유로운 사회를 만들도록 애써야 한다. 인간은 자연의 손님이며 그것에 걸맞게 행동해야 한다. 우리는 누구나 우리가 만들어 낸 쓰레기에 책임이 있다. 쓰레기를 분리하고 재활용하는 것은 아름답고 즐거운 행위다."

777C 이 고래들을 구하라, 1982   967A 숲은 편안한 집이다, 1999   124C 어린이와 환경, 1987년경

정원 난쟁이가 대신 사과하게 하는 것으로는 충분하지 않다. 우리는 **무엇인가 행동으로 옮겨야 한다!** 훈데르트바서는 자연 보존을 위해 큰 캠페인을 벌였다. 여러 물건을 고안해 내는 것 외에도 화가로서 할 수 있는 바를 했다.
훈데르트바서는 포스터를 그렸다.

우리는 자연을 염려해야 한다. **물은 깨끗해야 하고, 식물은 건강해야 하며, 동물은 좋은 삶을 영위할 수 있어야 한다.** 우리 인간은 이 점을 유념해야 한다. 자연은 우리에게 아주 많은 것을 베풀어 주기 때문이다. 우리에게 양분과 옷을 주고, 숨 쉴 공기와 마실 물을 준다. 우리는 나무로 집을 짓고 다리를 만든다. 이 책을 인쇄한 종이도 나무로 만들었고, 여러분이 그림을 그리고 글을 쓸 수 있는 연필도 나무로 만들었다. 우리는 필요로 하는 모든 원료를 자연에서 가져온다.

기나긴 날

이런 말을 하는 사람들은 정말 하루가 얼마나 길어질까? 그들은 바삐 서두르고, 많은 일을 끝내고 싶어하며, 이 장소에서 저 장소로 허겁지겁 뛰어다닌다. 사람들은 시간이 없다고 말한다. 하지만 서두르면 서두를수록 하루는 더욱 짧아지고 기쁘지 않다. 우리는 시간을 잃어버리거나 아니면 시간을 갖거나 양자택일해야 하는 것 같다.

훈데르트바서는 자신의 작품과 생각, 꿈을 위해 시간을 가졌다. 이따금 몇 년에 걸쳐 그림을 그렸다. 하지만 훈데르트바서가 얼마나 많은 그림, 포스터, 인쇄물, 그래픽, 우표, 집, 깃발, 동전을 만들고 글을 썼는지를 보면 놀라지 않을 수 없다. 마치 마법을 부린 것 같다. 뭔가를 이루려면 서둘러야 한다고들 하는데 말이다.

가장 아름다운 것은 자기만의 시간을 필요로 한다.

식물을 예로 들면 잘 이해할 수 있을 것이다. 땅속에 씨앗을 뿌리면 식물은 싹을 틔우기 시작한다. 자라고 자라서 **언젠가** 작은 싹이 땅을 뚫고 솟아오른다. 거기서 꽃이 피어나 향기와 색으로 우리를 즐겁게 해 주다가 **몇 주**가 지나면 지고 만다. 하지만 씨앗에서 사과나무가 자라서 우리가 사과를 딸 수 있기까지는 **여러 해**를 참고 기다려야 한다.

895 풀들의 행진, 1987

씨앗이 싹을 틔우고 자라는 것을 관찰하려면 무씨가 적격이다. 무씨는 꽃집에서 쉽게 살 수 있다. 무씨를 하루 동안 물에 불린다. 탈지면 같은 것을 물에 적셔서 받침 접시 같은 것에 놓고, 그 위에 불린 무씨를 올려놓는다. 몇 시간이 지나면 벌써 씨앗마다 노란 싹이 나온다. 며칠 동안 계속 습기를 잘 유지해 두면 무순이 자라는 모습을 관찰할 수 있다. 무순이 10센티미터쯤 자라면 샐러드를 만들어 맛있게 먹을 수 있다.

그림을 그리는 것도 성장의 과정이다.

생각이나 느낌, 마음을 사로잡는 문장 같은 것이 화가에게 그림을 그리고 싶어하게 한다. 어떻게 그릴지 미지수지만 씨앗이 땅에 떨어져 자라기 시작한 셈이다. 훈데르트바서는 그림을 그리려고 연필과 물감을 마련하고 캔버스를 펴 놓았다. 그다음 몇 줄의 선이나 면이 생겨난다. 마치 식물의 첫 움이 땅을 뚫고 솟아오르는 것 같다. 식물이 다양한 것처럼 훈데르트바서의 그림 역시 다양하다. 어떤 것은 짧은 시간에 꽃을 피우고, 어떤 것은 완성되기까지 몇 년의 세월이 걸린다.

사람들마다 시간을 다루는 나름의 방식이 있다. 어떤 사람은 자신이 하고 있는 일을 음미하며 천 천 히 진행한다. 어떤 사람은 짧고 간결하게 해치우고 그다음에 휴식을 취한다.

휴식을 모르는, 뭔가를 싹터 오르게 하는 시간을 찾지 못한 사람은 뭔가 새로운 것을 창조하기 어려울 수 있다. 그들은 아마도 A에서 B로 가는 가장 빠른 길을 찾으려고 할 것이다. 그들에게는 직선이 필요하다. 속도 제한 없이 달릴 수 있는 직선도로가 필요하다.

빈 슈피겔가세의 아틀리에에서, 1973년 8월

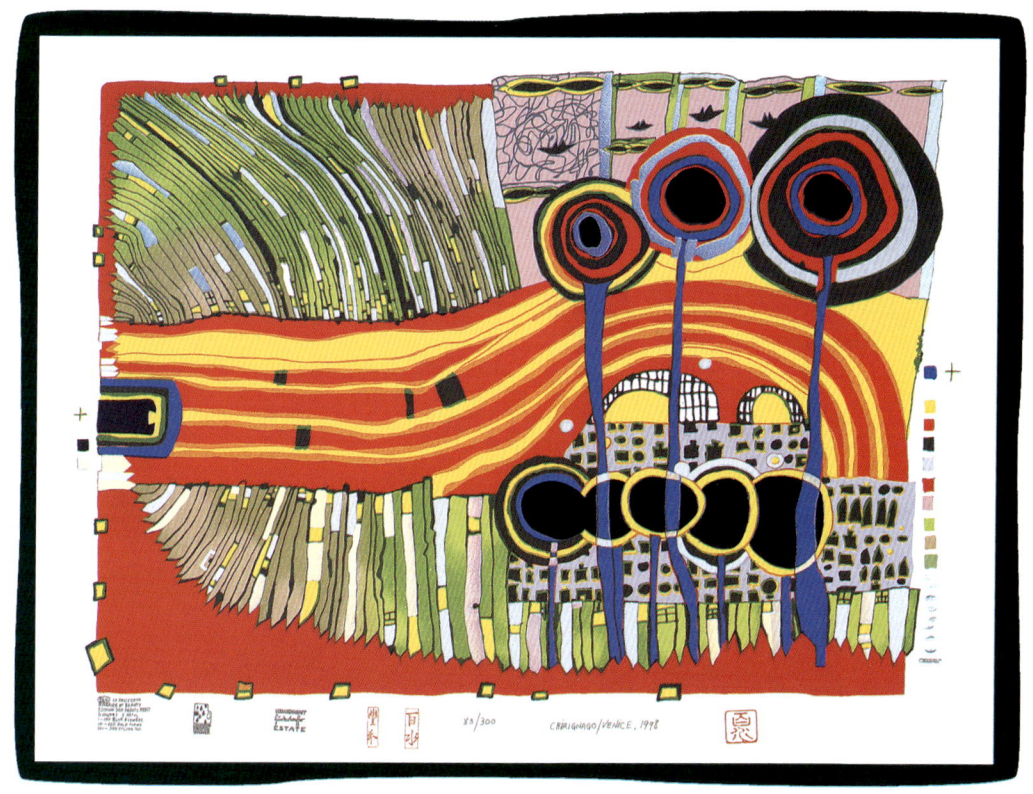

964 울타리-아름다운 장애물, 1988

훈데르트바서는 곳곳에 아름다운 장애물을 설치하려고 했다. 50만 개의 아름다운 물건을 길 가장자리에 갖다 놓고 지나가던 사람이 멈추어 서거나 걷는 속도를 늦추어 삶의 아름다움을 인식할 수 있도록 하고자 했다. 만약 산책길에 나무가 쓰러져 있다면 우리는 잠깐 걸음을 멈출 것이다. 쓰러진 나무에 대해 불평할 필요가 없을 뿐더러 기뻐할 수도 있다. 어쩌면 꼭 가 볼 만한 새로운 에움길을 발견할 수도 있고, 걸음을 멈추지 않았더라면 지나쳤을 어떤 것을 발견할 수도 있다. 아름다운 꽃이라든가 특별한 나무버섯, 작은 개구리 같은 것 말이다. 어떤 것일지는 아무도 모른다. 나무는 우리를 멈추게 하는 장애물이며, 빨리빨리 서둘렀다면 지나쳤을 아름다움을 보여 준다. 그때 나무는 아름다운 장애물이다.

직접 해 보기
92쪽

세계 일주

자신의 배 레겐탁('비 오는 날'이라는 뜻 – 옮긴이) 앞에서, 1989

여행은 놀랍도록 멋진 것이다. 가방을 꾸려서 여행을 떠난다. 어떤 사람은 자동차나 비행기를 타고, 어떤 사람은 자전거나 기차를 타고 여행한다. 심지어 걸어서 갈 수도 있다.

미지의 고장, 낯선 도시를 향해 떠난다는 것은 흥분되는 일이다. 그곳은 어떤 모습일까? 어떤 사람이 살고 있을까? 어떤 새로운 것을 알게 될까? 호기심은 여러분을 미지의 나라로 탐험 여행을 하도록 이끈다. 훈데르트바서는 여행을 많이 했다. 처음으로 했던 장거리 여행의 목적지는 이탈리아였다. 그곳에서 훈데르트바서는 프랑스에서 온 예술가 르네 브로를 만났다. 르네 브로는 가장 좋은 친구 가운데 한 사람이 되었다.

화가 친구 르네 브로(오른쪽)와 함께 그린 벽화 앞에서, 생 망데, 1950

르네는 **프랑스** 파리에서 살았다. 훈데르트바서는 르네를 따라 파리로 갔다. 파리는 당시 많은 예술가에게 중요한 장소였다. 르네는 한동안 그곳에 살면서 일을 했다. 하지만 다시 그곳을 떠나 점점 멀리 전 세계를 돌아다녔다. 평생 온 지구를 여행했다. 하지만 고향 오스트리아로도 자주 돌아왔다.

당시의 아내 유코 이케와다와 함께 시베리아 횡단 철도 여행을 할 때, 1961

여행 중에

도쿄에서, 1961

베네치아에서

밀라노에서 나무 세입 캠페인을 하다, 1973

팍퇴르 슈발의 팔레 이데알 앞에서, 1995

수단에서, 1967

브라질의 네그로 강에서, 1977

740 두 번의 인도 여행, 1975

세계는 넓고 어느 곳이든 다르게 보인다. 멀리 여행을 떠난 사람은 낯선 문화와 사람들을 알게 된다. 여러 나라를 방문하면서 훈데르트바서는 표현과 아이디어가 풍부해지고, 많은 우정을 얻었으며, 진귀한 자연이 펼치는 연극을 볼 수 있었다. 훈데르트바서는 여행을 하면서 그림을 그렸고, 그렇게 함으로써 자신의 체험을 다른 사람이 볼 수 있게 했다.

665 달의 산(루웬조리 산)의 붉은 길, 1967

1951년의 수첩

훈데르트바서는 곳곳에 자신의 메시지를 퍼뜨렸다. 지구는 낙원이 되어야 하며, 인간은 자연을 존중하고 자연과 공생하면서 행복한 왕이 될 수 있다는 것. 몇몇 국가에서 훈데르트바서는 자신의 비전을 현실로 옮길 임무를 부여받았다. 그래서 건물을 설계하고 나무들을 심었다.

워싱턴의 나무 심기 행사에서 나무를 심는 훈데르트바서, 1980

 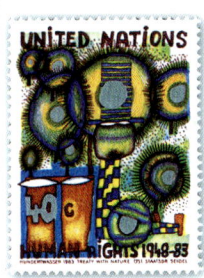 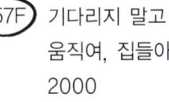   

785A 무지개 창문, 1979

847B 자연과의 평화 조약, 1983

557F 기다리지 말고 움직여, 집들아, 2000

657A 술 마시는 여인의 밤, 1967

770A 카프 베르데의 증기선, 1982

훈데르트바서는 어렸을 때의 꿈처럼 우표를 그리고 깃발을 도안했다.

862 뉴질랜드의 코루 깃발, 1983

863 약속의 땅을 위한 평화의 깃발, 1978

어느 날 훈데르트바서는 완전히 혼자 있고 싶었다. 그래서 보트를 사서 수리를 하고 모양을 바꾸었다. 바다에 띄울 준비가 다 되자 배에 이름을 붙여 주었다. 레겐탁, 즉 비 오는 날이라는 이름이었다.

> "그런 여행에서는 주로 수평선만 보인다. 수평선은 커다란 정거장이다. 사람이 안착할 수 있는 어떤 것이다. 인간에게는 진실로 수평선이 필요하다. 다른 모든 것은 거기에다 고안해 넣으면 된다."

레겐탁 위에서

> "돛은 여러 빛깔을 가질 수 있다.
> 빨강과 초록 줄무늬, 바둑판무늬,
> 돛을 바라볼 때마다 난 먼 여행을 생각한다."

수평선을 본 적이 있는지? 그것은 우리가 볼 수 있는 것 가운데 가장 멀리 있는 선이다. 바로 **하늘과 땅이 만나는 곳**에 있다. 특히 물 위에서는 아주 멀리까지 볼 수 있다. 시선을 무한히 뻗어 볼 수 있을 때, 우리는 **멀다는 것, 넓다는 것, 자유롭다는 것**이 어떤 느낌인지 경험한다. 어쩌면 여러분도 직접 당장 길을 떠나고 싶을 거다. **모험욕**에 사로잡히면 가슴에 한줄기 바람이 이는 것을 느낀다. 그것은 작은 아픔과도 같다. 사람들은 그것을 **방랑욕**이라고도 부른다. 그 아픔은 치통만큼 불쾌하지는 않지만 그래도 느껴진다.

직접 해 보기
92쪽

대척지의 섬, 1975

지금 당장 떠날 수 없더라도 떠나는 꿈을 꿀 수는 있다. 상상의 세계에서는 여행의 한계가 없으니까! 여러분에게 필요한 것은 수평선이다. 그 위에 여러분의 하늘을 창조할 수 있다. 어쩌면 배를 타고 가는 여행을 고를지도 모르겠다. 여러분은 햇빛 속에서 떠난다. 그렇지만 곧 검은 소나기구름이 머리 위에 층층이 쌓인다. 이제 곧 모험을 할 수 있을 거다. 여러분의 상상 여행은 여러분을 어디로 데려가는지? 남녘의 바다를 항해하는지? 아니면 북극해에서 빙산 위로 피신하는지? 아니, 어쩌면 여러분은 당나귀에 앉아 있을지도 모른다. 여러분의 충실한 짐꾼 레오폴트, 녀석은 그 많은 탐험 여행에서 충실하게 주인을 섬겼지. 그래, 오늘은 어느 곳으로 갈까?

여러분은 가장 신났던 외국 여행의 추억을 직접 그려 볼 수도 있다. 우편엽서만 한 크기의 마분지를 가져다 그 위에 그림을 그린다. 뒷면에는 소식이라든가 안부를 쓸 수도 있다. 코르크 판이나 특별한 앨범에 카드를 모을 수도 있다. 아니면 자신의 주소를 적은 다음 우표를 붙여 정말 자신에게 보낼 수도 있다. 그런 다음 모험이나 탐험을 함께 했던 마음속 친구가 언제 편지를 보내올지 열렬하게 기다릴 수 있다.

998B 우편엽서 위의 나선, 1956

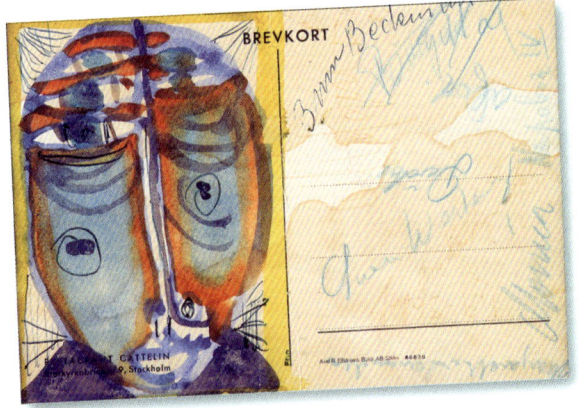

998A 우편엽서 위의 사람 얼굴, 1956

훈데르트바서는 바다뿐만 아니라 단단한 육지에서도 아름다운 새 고향을 찾았다. 훈데르트바서가 아직 어렸을 때 어머니는 많은 이야기를 들려주었는데, 머나먼 나라에 대한 이야기도 있었다. 훈데르트바서는 훗날 이렇게 회상했다.

"어머니는 뉴질랜드는 아주 아름다운 땅이며, 매우 좋은
사람들이 살고, 전쟁이 없는 나라라고 말했다."

뉴질랜드의 마운틴 후트에서, 1995년

세상에서 특별한 장소를 찾던 훈데르트바서는 실제로 뉴질랜드에서 그곳을 발견했다. 뉴질랜드는 원주민의 말로 '아오 테아 로아', 즉 하얀 구름의 땅이라는 뜻이다. 훈데르트바서는 하얀 구름의 땅, 어느 꿈꾸던 작은 강 옆에 야생 그대로의 모습을 간직한 자연 속에 직접 집을 지었다.

"이곳에 오는 사람은 다른 세계에 오는 거다."

뉴질랜드에 있는 훈데르트바서의 '유리병집', 1979년
벽은 유리병, 지붕은 풀로 세워졌다.

거기서 훈데르트바서는 편안함을 느꼈고, 그림을 그리고, 사색하고, 가장 살고 싶었던 모습대로 살 수 있었다. 바로 화가이자 식물의 마술사, 마법의 식물들로 캔버스를 가득 채우는 마법사로서.

훈데르트바서가 뉴질랜드 소유지에서 개축한 돼지우리, 1994/95년
벽을 타일과 장작으로 지었다.

뉴질랜드 원시림에서, 1974년경

작별

이제 비밀이 밝혀졌다. 여러분은 화가 왕의 세계를 여행하면서 새 이름을 얻었고, 비 오는 날 자연 속에서 춤추었고, 보물을 숨겼고, 나선을 발견했다. 바라건대 훨씬 더 많은 것을 얻고 싶은 마음도 얻었기를.

우리는 이 책에서 프리덴스라이히 레겐탁 둥켈분트 훈데르트바서의 예술과 사상을 다루었다. 훈데르트바서는 여러분에게 자신을 발전시키고, 자신의 머리를 사용하고, 세상을 함께 만들어 갈 용기를 주고 싶어했다. 여러분이 그렇게 된다면 세상은 놀라울 정도로 아름다운 낙원이 되고, 누구든 왕이나 여왕이 될 수 있을 거다.

어릴 때

그림을 그리는 모습

건축 연습을 위해 만든 나무 조각들

청년 시절에 어떤 아이와 함께

뉴질랜드의 카우리누이 계곡을 산책하며, 1999

프레더릭의 농장, 1978

프리덴스라이히 훈데르트바서
화가–건축가–환경주의자–선각자
1928년 오스트리아 빈에서 태어나다.
2000년 뉴질랜드에서 유럽으로 오는 도중
퀸 엘리자베스 2세 호 갑판에서 세상을 떠나다.
일생 자체가 그가 전한 메시지였다.

옮긴이 김경연

1956년 서울에서 태어났다. 서울대학교 독문학과를 졸업하고 서울대학교 대학원에서 독일 문학으로
박사 학위를 받았다. 이후 프랑크푸르트 대학에서 아동·청소년 환상 문학 이론으로 박사 후 연구를 했다.
현재 아동·청소년 문학 평론가 및 번역가로 활동하고 있다.

행복한 훈데르트바서

초판 1쇄 발행 | 2008년 7월 1일
개정 1쇄 발행 | 2010년 11월 10일
개정 7쇄 발행 | 2022년 3월 10일

글쓴이 | 바바라 슈티프
옮긴이 | 김경연
펴낸이 | 조미현

책임편집 | 황정원
디자인 | 김수현, 최남주

펴낸곳 | (주)현암사
등록 | 1951년 12월 24일 · 제10-126호
주소 | 04029 서울시 마포구 동교로 12안길 35
전화 | 365-5051 · 팩스 | 313-2729
전자우편 | child@hyeonamsa.com
홈페이지 | www.hyeonamsa.com
트위터 | www.twitter.com/Hyeonami
페이스북 | www.facebook.com/Hyeonami

ISBN 978-89-323-7282-2 73600

Hundertwasser für Kinder by Barbara Stieff
ⓒ Prestel Verlag, Munich·Berlin·London·New York, 2007
All rights reserved.
Korean translation copyright ⓒ 2008 by Hyeonamsa Publishing Co., Ltd.
This Korean edition is published by arrangement with Prestel Verlag
through Sigma Literary Agency.

* 이 책의 한국어판 출판권은 시그마 에이전시(Sigma Literary Agency)를 통한
  저작권자와의 독점 계약으로 (주)현암사에 있습니다. 저작권법에 의하여
  한국 내에서 보호를 받는 저작물이므로 무단 전재와 복제를 금합니다.
* 책값은 뒤표지에 있습니다. 잘못된 책은 바꾸어 드립니다.

제품명 도서 | **제조년월** 2022년 3월 | **제조국명** 대한민국 | **사용연령** 8세 이상
제조자명 (주)현암사 | **전화** 02-365-5051 | **주소** 서울시 마포구 동교로12안길 35
주의 책 모서리에 부딪히거나 종이에 베이지 않도록 주의해 주세요.
· KC 마크는 이 제품이 공동안전기준에 적합하였음을 의미합니다.

훈데르트바서의 생각과 작품에서 자극을 받아 발상을 바꾸는 행동 직접 해 보기

1. 보물 상자
* 9쪽 참조

우표 수집을 하는 분, 예쁜 돌이나 조개, 구슬, 지우개 같은 것을 모으는 분, 당신이 모은 보물을 간직할 보물 상자를 만들고 싶지 않은지?

버려지는 종이 상자나 작은 나무 상자를 찾아서 어떤 비밀을 간직할지에 따라 안쪽 면만 장식할 수도 있고 바깥 면까지 장식할 수도 있다. 선물 포장지, 천, 단추, 알루미늄 포일, 잡지의 사진이나 그림들로 장식해 본다.

누구나 멋진 것이라고 생각한 것은 모두 보물 상자에 간직해 놓을 수 있다. 마음이 슬프거나 힘들어서 견딜 수 없는 날에 상자에서 당신의 멋진 보물을 꺼내 보면 조금 도움이 될 것이다.

2. 색 튀기기

* 28쪽 참조

색과 물감은 똑같지 않다! 어떤 재료를 썼느냐에 따라 그림은 완전히 달라진다.
크레파스, 색연필, 물감, 붓, 종이에 따라 다르게 나타나는 그림 차이를 느껴 본다. 자동차, 나무, 가족 등 당신이 그리고 싶은 것을 다른 재료로 똑같이 그려 본다. 붓으로 그릴 때와 크레파스로 그릴 때, 색연필로 그릴 때와 볼펜으로 그릴 때 느낌이 어떻게 다를까? 어떤 종이에 어떤 재료를 쓰는 것이 가장 잘 어울릴까? 손가락에 물감을 묻혀 그릴 때와 크레파스로 그릴 때 언제 더 면을 빨리 메울 수 있을까? 그린 그림이 어떻게 변화할까?

3. 프로타주(문지르기)
* 43쪽 참조

어떤 물건의 표면과 구조를 보이게 할 수 있는 멋진 기법이다. 어떤 물건의 표면이 재미있게 느껴지면 종이를 그 위에 놓고 연필이나 색연필로 가볍게 문질러 본다. 마술을 부린 것처럼 무늬가 종이 위에 나타난다. 동전, 나뭇잎, 마룻바닥, 여러 종류의 천 모두 멋진 결과를 얻을 수 있다. 이 방법으로 여러 무늬를 찾아볼 수도 있다. 이때 촉감이 도움이 된다.

4. 여러 색의 조화
* 39쪽 참조

암다채는 훈데르트바서가 좋아하는 색이다. 당신이 좋아하는 색은?
색은 어떤 색과 함께 있느냐에 따라서 아주 다른 느낌이 든다. 예를 들어, 밝은 빨강을 다른 색들과 나란히 놓고 시험해 보면 초록색과 함께 있을 때 가장 강렬하다. 그럼 노랑색과 함께 있으면 어떨까?

어떤 색의 어울림이 가장 마음에 드는가? 여러 비슷한 색이 함께 있는 것이 좋은가? 여러 파란색으로 물을 그린 그림을 보고 생각해 봐도 된다. 아니면 초록, 빨강, 파랑, 노랑이 다 섞여 있는, 알록달록한 것이 마음에 드는가? 부드럽고 밝은 색이 좋은가? 아니면 강렬한 색이 좋은가?

특별히 빛나는 그림을 위한 두 가지 방법
크레용이나 크레파스로 좋아하는 색들을 써서 그림을 그린다. 다 끝나면 그 위에 검은색이나 검푸른색 물감으로 덧칠한다. 유성 크레파스로 그린 부분은 물감이 먹지 않는다. 알록달록 선들이 검은 배경 위로 아름답게 빛난다.

설탕 분필도 아주 멋진 빛을 낸다. 색색의 분필을 여러 시간 동안 설탕물에 담가 놓는다. 분필이 완전히 물을 먹어 촉촉해지면 그것으로 검은색 도화지에 그린다. 처음에는 전혀 멋지게 보이지 않지만, 종이 위의 분필이 마르면 빛을 내기 시작한다!

5. 티셔츠에 그림 그리기
* 45쪽 참조

세상에 단 하나뿐인 옷을 입고 싶다면 단색 티셔츠로 자기만의 옷을 만들어 본다.

섬유물감으로 직접 천 위에 그림을 그린다. 그림은 세탁을 하고 난 다음에도 그대로 남아 있다. 이때 두꺼운 종이나 비닐을 끼워 놓아야 물감이 뒤쪽으로 스며들지 않는다.

전사용지에 원하는 그림을 출력한 뒤 천에 대고 다림질을 한다. 그림은 거울에 비친 것처럼 거꾸로 박히므로 글자를 넣을 때는 주의해야 한다.

6. 모자이크
* 59쪽 참조

여러 조각을 이어 붙여서 만든 모자이크는 보통 돌이나 유리나 자기로 되어 있다. 수백 년 전부터 이런 조각으로 바닥이나 벽, 물건을 장식해 왔다.
색종이나 잡지 사진을 작은 조각으로 자른 뒤 색에 따라 분류해 놓는다. 그런 다음에 종이와 풀을 써서 작은 부분들로 이루어진 멋진 그림을 만든다. 마치 퍼즐 맞추기 같다.

7. 자신만을 위한 집
* 56쪽 참조

자신만을 위한 집을 만들고 싶다면 어떤 집을 지을지 생각하고 모델하우스를 만들어 본다.
과일 상자, 세제통, 이쑤시개, 우유팩, 커피통, 요구르트통, 스티로폼 등을 재활용할 수 있다.
집 앞면은 종이를 붙인 다음에 그림을 그리거나 다른 방식으로 장식할 수도 있다.
재미있다면 도시 전체를 만들어 볼 수도 있다.

8. 아파트
* 58쪽 참조

신발 상자 바닥에 창문을 오리고 겹쳐 놓으면 아파트가 된다. 여러 재료로 방의 창문과 벽을 꾸며 본다.
그림을 그리거나 천을 붙이거나 알루미늄 포일로 장식을 만들거나 단추를 꿰매 붙일 수도 있다.

9. 창문 꾸미기
* 53쪽 참조

취향에 따라 창문을 꾸며 본다.

10. 자연 정령
* 67쪽 참조

자연에서 얻은 재료로 자연 정령을 만들어 본다. 산이나 물의 요정도 좋고, 완전히 새로 생각해 낸 요정도 좋다.
나뭇가지와 나뭇잎, 껍질, 이끼와 돌, 풀줄기, 도토리와 솔방울로 멋진 모양을 만들 수 있다.
노끈이나 접착제는 각 부분을 떨어지지 않게 하는 데 도움이 된다.
정령은 그림으로 그려 볼 수도 있다. 정령이 어떻게 사는지, 친구들은 어떻게 생겼는지도 그려 볼 수 있다.

11. 부패 실험
* 65쪽 참조

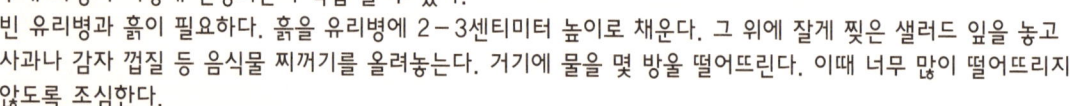

부패 과정이 어떻게 진행되는지 직접 볼 수 있다.
빈 유리병과 흙이 필요하다. 흙을 유리병에 2-3센티미터 높이로 채운다. 그 위에 잘게 찢은 샐러드 잎을 놓고 사과나 감자 껍질 등 음식물 찌꺼기를 올려놓는다. 거기에 물을 몇 방울 떨어뜨린다. 이때 너무 많이 떨어뜨리지 않도록 조심한다.
절대 흥건할 정도로 물을 많이 주면 안 된다. 물이 많으면 고약한 냄새가 나거나 파리가 꼬이기 때문이다.
그런 다음 유리병에 공기구멍을 뚫어 놓는다.

무슨 일이 일어나는지 관찰해 본다. 당장 다음 날 뭔가 알아차릴 수 있는 일이 일어나지는 않으므로 참을성이 필요하다.
관찰 일지를 쓸 수도 있다.
부패 과정이 끝나거나 더 이상 관찰할 마음이 내키지 않으면 실험한 것을 다시 자연에 돌려주도록 한다.
훈데르트바서가 우리에게 알려 주고 싶어한 것은 바로 우리는 자연의 일부라는 점이다.

12. 아름다운 장애물
* 73쪽 참조

몇 개의 색분필로 아름다운 장애물을 만들 수 있다. 당신이 사는 집 앞 길 위에 멋진 그림을 그린다.
지나가는 사람들이 그것에 어떤 반응을 보이는지 관찰해 본다. 누가 멈춰서고, 누가 돌아가고, 누가 그림을 못 본 체 밟고 지나가는지?

13. 동경의 배
* 81쪽 참조

머나먼 곳을 그리워하는 마음을 누그러뜨리기 위해 동경의 배를 접는다. 그림을 그리고 소망과 동경을 종이에 적는다. 그런 다음 종이배를 접는다. 흐르는 물에 배를 놓아준다. 그러면 당신의 소망은 여행을 떠날 수 있다.

14. 자신만의 배
*81쪽 참조

당신에게 바다를 항해할 수 있는 배가 있다면 돛은 어떻게 생겼을까? 알록달록한 무늬가 있을까, 아니면 해적선처럼 검은 돛일까, 아니면 분홍색 꽃무늬 돛일까? 당신이 꿈꾸는 돛단배를 그리고 이름을 붙여 준다.